昭和の記録

あの日あの時

岡本美知子写真集

1――駅前で始発を待つ客　大阪駅　昭和30(1955)年7月

カメラは二眼レフ、ストロボなし、三脚なし、ASA100のフイルムを手に、
背中には２歳の息子をおぶって大阪駅の24時間を取材した。

2—— 徹夜組相手のラーメン屋　大阪駅　昭和30(1955)年7月

3—— 荷物に腰かけて始発を待つ　大阪駅構内　昭和30(1955)年7月

4―― 新聞少年　大阪市東淀川区　昭和38(1963)年

「ぼくの名前を知ってるかい。朝刊太郎と言うんだよ〜♪」
昭和40年、山田太郎さんの歌声が全国に流れた。

5—— 重い新聞を抱えてガード下を行く少年　大阪市西淀川区　昭和38(1963)年

6―― 道案内をする婦警さん　大阪駅構内　昭和48(1973)年

7—— 迷子の少年　大阪駅交番所　昭和48(1973)年

保護されたときは泣きべそをかいていたが笑顔に。

8—— 婦警さんの護身術訓練　昭和50(1975)年6月

9—— 微笑ましいひととき　大阪府警察学校　昭和49(1974)年

10—— 同僚との別れ　大阪府警察学校　昭和51(1976)年7月

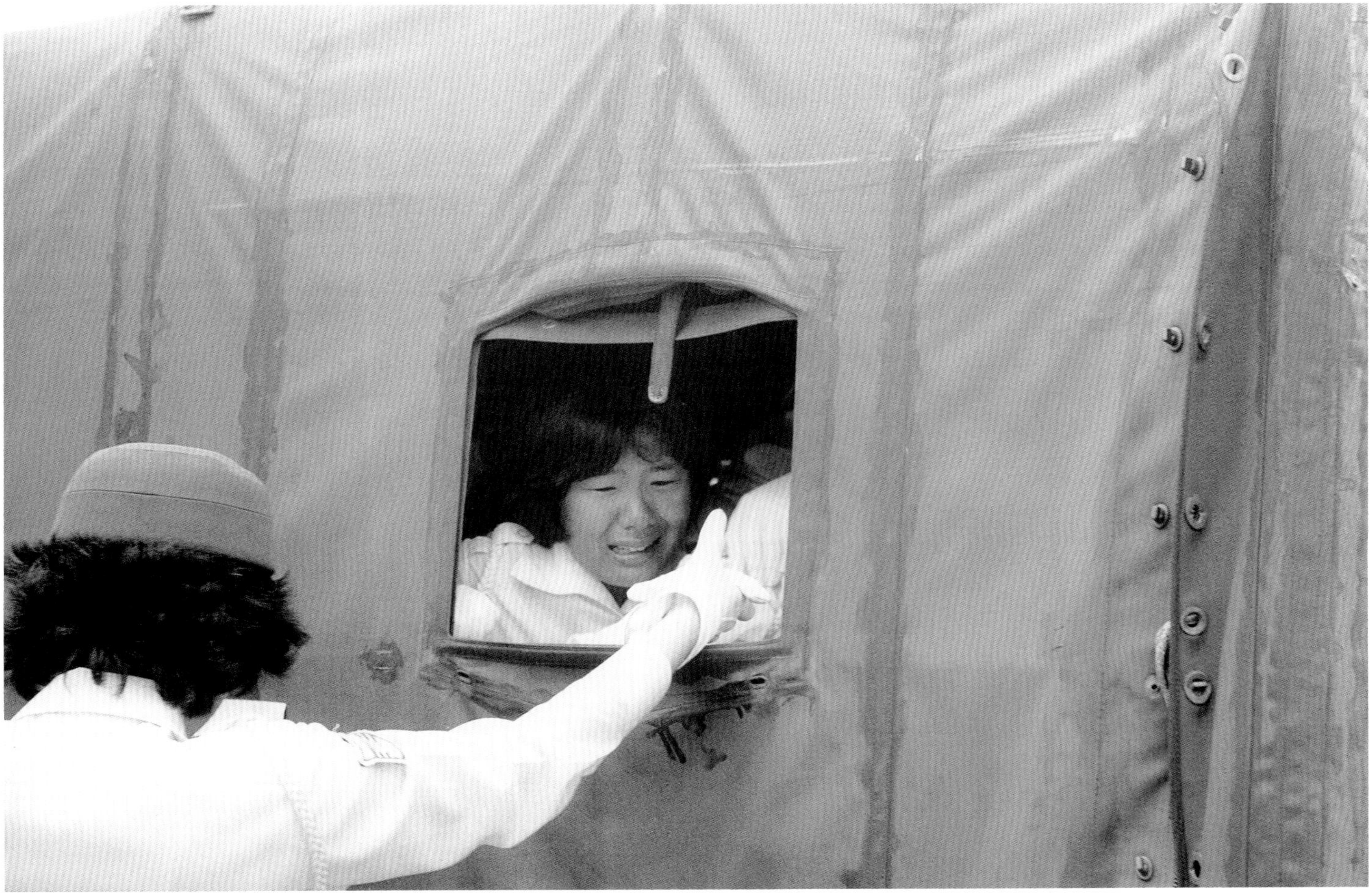

11—— 別れ　大阪府警察学校　昭和50(1975)年6月

此花
NISSAN

12—— 巣立つ日（各署に配属）
大阪府警察学校
昭和51（1976）年

13――嫁と姑　奈良県桜井市三輪　昭和50(1975)年7月

旧家のしきたりで竈《かまど》を守る者が一家の主婦とされている。

14—— 毎朝優しく姑の髪を
結うお嫁さん
奈良県桜井市
昭和50(1975)年7月

15—— 桑名川の渡し
飯山線桑名川駅付近(長野県飯山市)
昭和56(1981)年2月

16―― 渡しの船頭さん
飯山線桑名川駅付近(長野県飯山市)
昭和56(1981)年2月

17—— 豪雪で列車がストップ
飯山線十日町駅(新潟県十日町市)
昭和56(1981)年2月

日常茶飯のことで乗客も静かに待機。

18—— 雪で立ち往生、車内で待つ客　飯山線十日町駅構内(新潟県十日町市)　昭和56(1981)年2月

19——悲喜こもごも　大阪駅　昭和46(1971)年8月17日

20―― 北朝鮮に帰還する人たちを見送る　大阪駅　昭和46(1971)年8月17日

21—— 退屈な得度式　京都市真宗大谷派本山東本願寺　昭和48(1973)年8月7日

剃髪し、お説教を聞く間も欠伸《あくび》の連続。親鸞が9歳で得度したことにちなみ、男女とも満9歳から得度でき、8月は子どもの希望が多い。剃刀《ていとう》の儀を受けた後、僧侶の証となる墨袈裟と法名を授与される。

22—— 記念写真の表情もさまざま　京都市真宗大谷派本山東本願寺　昭和48（1973）年8月7日

23—— 先生一人生徒一人

徳島県板野郡神宅《かんやけ》小学校畑分校

昭和41(1966)年7月16日

イノシシなどが出没する山間の分校。帰りは7キロの山道をテクテク歩いて下山する。旧満州の牡丹江市で教師をしていた先生が義妹の担任だったとわかり奇遇に驚く。43年廃校。

24—— 分校での体育の時間
徳島県板野郡神宅小学校畑分校
昭和41(1966)年7月16日

25—— 授業風景
徳島県板野郡神宅小学校畑分校
昭和41(1966)年7月16日

26―― ダムに沈む村　奈良県月ヶ瀬村　昭和42(1967)年

住み慣れた家が壊される。工事着工は昭和33年、
竣工は43年で、10年を要した。

27―― 別れの日　奈良県月ヶ瀬村　昭和42(1967)年

28―― ダム工事すすむ　奈良県月ヶ瀬村　昭和42(1967)年11月

29——村はまもなくダムに沈む　奈良県月ヶ瀬村　昭和42(1967)年6月11日

30——湖底が見えてきた永源寺ダム　滋賀県永源寺町　昭和53(1978)年9月

31—— 枯渇した永源寺ダム
滋賀県永源寺町
昭和53(1978)年9月

32—— 枯渇した永源寺ダム
滋賀県永源寺町
昭和53(1978)年9月

33—— 田能遺跡で見つかった木蓋土壙墓
昭和41(1966)年2月10日
兵庫県尼崎市

昭和40年９月水源池の工事現場から大量の弥生時代の土器や石器、貴重な遺物や住居跡・墓などの遺構が発見された。なかでも木蓋《もくがい》土《ど》壙《こう》墓《ぼ》、木棺墓から人骨も出土した。

34—— 田能遺跡の木棺墓
昭和41(1966)年3月10日
兵庫県尼崎市

胸部に632個の碧玉製管玉《くだたま》や左腕に白銅製釧《くしろ》(うでわ)をつけて埋葬されていた2基の墓もあり、田能の集落で指導者または支配者的人物が存在していたことが推測できる。

35—— 田能遺跡
昭和40(1965)年9月発見
兵庫県尼崎市

昭和40年10月より1年かけて発掘調査が行われた。

36——廃車の山　大阪狭山市　昭和50(1975)年

37—— 車社会到来　大阪市南港埠頭　昭和59(1984)年

輸出される新車が船積みを待つ。

38―― 衝撃の街　兵庫県伊丹空港（現・大阪空港）近く　昭和46（1971）年

伊丹空港は昭和14（1939）年1月、大阪第2飛行場として開港。20年の敗戦後は米軍に接収されたが、33年3月に返還、39年からジェット旅客機が乗り入れた。周辺住民は騒音公害に悩まされる。48年10月伊丹市が大阪国際空港撤去都市を宣言したが、紆余曲折を経て平成2（1990）年、存続決定。

39—— 衝撃の街　兵庫県伊丹空港（現・大阪空港）近く　昭和48（1973）年

超望遠レンズのマジックですぐ屋根の上を飛んでいるように見えるが、
ジャンボ機の騒音はこのくらい激しい。

40—— 都会の谷間　大阪駅前　昭和33(1958)年頃

この頃は、小さな卸問屋が軒を並べていたが、昭和38(1963)年６月に阪神百貨店が建ったのをはじめとして、いつしかビルが林立した。

41——山あいの新興住宅　京都市左京区岩倉　昭和57(1982)年5月

出町柳から叡山電鉄に乗り、茶山より見た住宅

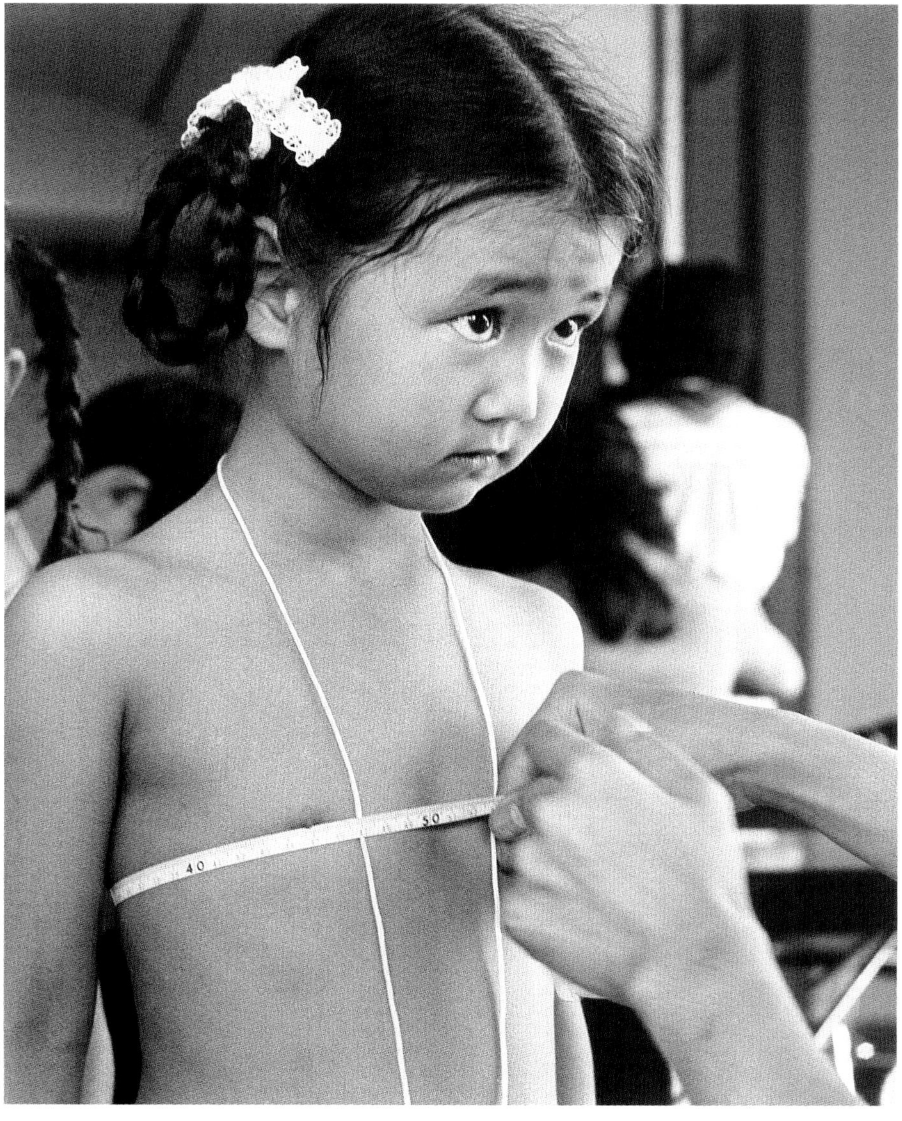

42―― 不安顔

兵庫県尼崎市

昭和50(1975)年6月

尼崎市母子健康協会主催の母子健康診断。お母さんが見守るなかでの検診。そのあと母子で共に遊戯をしたりして家族や他人との和を学ばせる行事が毎年行われていた。

43―― 紙芝居　大阪市内　昭和33(1958)年

テレビがない時代の子供たちにとって大きな楽しみ。

44—— 升田幸三氏の講演　大阪市江崎グリコ講演会にて　昭和55(1980)年頃

記録写真撮影の依頼をされた主催者からは前に出て写さないようにとの忠告を受け後方で撮っていたら「そこのカメラマン、仕事で来てるんでしょう。そんな後ろで、いい写真が撮れるはずがない。もっと前に来なさい!」と言葉をかけてもらってほっとした。

45――大正琴を弾く
京都府山城町神童寺
昭和41(1966)年8月

46——幸せ家族　京都市動物園　昭和55(1980)年

47——公害に苦しむ猿　大阪府堺市大浜公園　昭和50(1975)年ごろ

奇形や毛が抜け落ちたりした猿たちを見かけ、痛々しい限りだった。

48―― 訓練　大阪府警察学校　昭和50(1975)年

楯で身を守る。

49—— 訓練　自衛隊(兵庫県内)　昭和42(1967)年5月

昭和25(1950)年に発足した警察予備隊が、27年保安隊となり、29年自衛隊となった。

50—— 勤労青年集団結婚式　兵庫県尼崎市　昭和46(1971)年

尼崎市労働福祉会館が主催して始まった。

51——明治の人々　京都府精華町の長寿会　昭和44(1969)年10月18日

戦後男女の平均寿命は延び続け、今や女性は22年間世界一の長寿国となっている。

52——地方巡業のお相撲さん　大阪市天王寺区谷町　昭和32(1957)年3月

大阪では谷町が宿舎となっていた。

53―― 朝稽古の力士たち　大阪市天王寺区谷町　昭和32(1957)年3月

54—— 座礁船
青森県
昭和52（1977）年2月13日

五能線の素朴な駅を一つずつ記録しようと思い、駅から駅へと歩いた。この日は北金ヶ沢駅から深浦駅まで約25キロを歩いた。

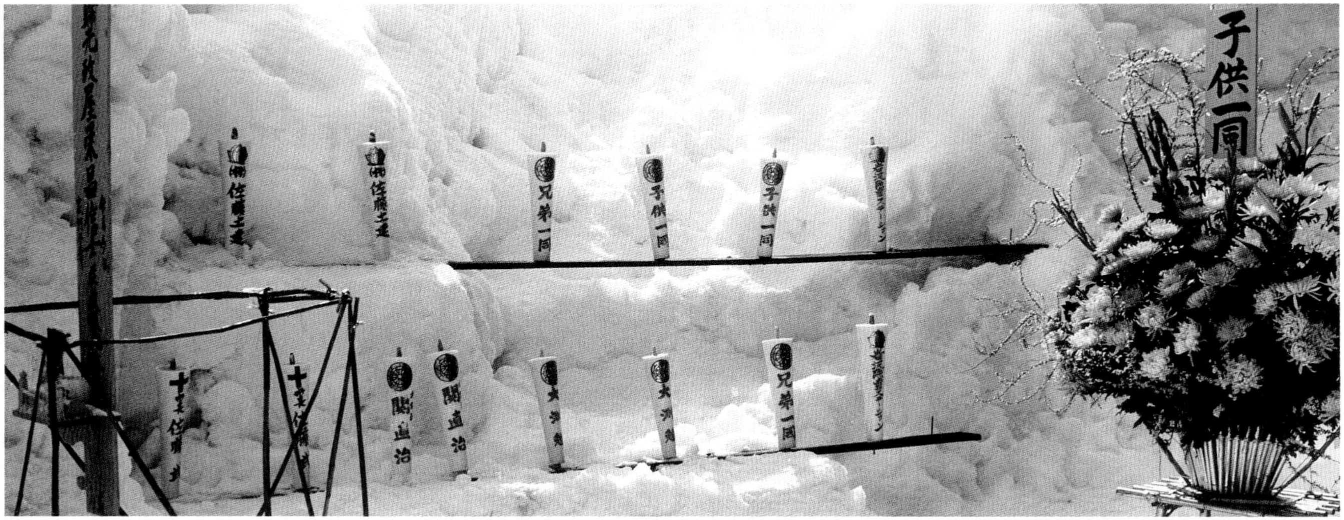

55——老少不定《ろうしょうふじょう》　新潟県小千谷市　昭和50(1975)年2月

飯山線越後岩沢駅からひと駅を歩いてお葬式に出会った。

56—— 昭和天皇崩御　大阪駅　昭和64(1989)年1月7日

訃報を新聞で見る。

あとがき

昭和29年、夫が脱サラでカメラ店を開業し、私は店番をすることになりました。しかし営業をするにも写真のことを全く知らなかったため、急遽、大阪府立職業訓練所写真科に６カ月の間通うことにしました。カメラ機材、写真化学、写真史等全般に渡る講義や実習を徹底的に指導され、初めは少々うんざりしておりましたが、気が付くと写真の面白さに徐々に惹かれていました。

修了試験では「組写真」のテーマを課せられたのですが、組写真というものがよく分からず、先生に尋ねたところ「大阪駅の24時間でも絵になるで」とたった一言、アドバイスをいただきました。その言葉を元に、兎に角24時間撮ってみようと、当時２歳の子供を背負って取材を始めました。

カメラは二眼レフ、フィルムはASA100、ストロボもなし。この頃、女性カメラマンは少なく、まして子供連れなど奇妙な光景だったと思います。夫も店仕舞い後、用心棒として協力してくれ、持ち前の負けん気でやり通すのだという決意を胸に、朝まで徹夜で頑張りました。

その後、修了試験の成果を発表する卒業展覧会では、苦労の甲斐あって一席を受賞し「私でも努力すれば出来る‼」という自信に繋がりました。それと同時に、写真への興味が深まり、それが作家活動をするきっかけとなったのです。

この成功を元に、ドキュメンタリ写真をより深めたいと考え、新聞やラジオから情報を得て、その現場へ取材に行くようになりました。取材をさせていただいた方々は皆快く応じて下さり、また実際にその温かい人柄に触れることで、単なる「記録」ではなく、私が感じた「人の温かみ」を写真に表現したいと思うようになりました。

特に、事前に許可を得ていたとはいえ、一介の民間人である私に３年もの間、取材をさせて下さった大阪府警察学校校長さんを始め、教官、学生さん全ての方の厚いご協力への感謝の気持ちは今でも色あせることはありません。誠にありがとうございました。

最後になりましたが、この度の個展、出版にあたり、お忙しい中、何かとアドバイスをして下さいました元朝日新聞社写真部の福永友保様並びに東方出版株式会社の今東成人様に厚く御礼申し上げます。

そして誰よりも、この54年間、一度も不服を言わず全面的に協力してくれた夫と息子に心から感謝いたします。

岡本美知子

岡本 美知子

所属

全日本写真連盟　理事／日本写真作家協会（JPA）　会員
日本写真協会　会員／社団法人日本広告写真協会　会友
浪華写真倶楽部　審査員／写真倶楽部APO　会友
富士フイルム　ティーチングスタッフ
キヤノンクラブ（CPS）／ニコンクラブ（NPS）

略歴

1929	旧満州遼陽市生まれ
1945	旧制高等女学校卒業
1946	旧満州より引き揚げ
1955	大阪府立職業訓練所写真科修了
1964	個展　「新聞少年」　大阪現代ギャラリー
1982	個展　「四季の旋律」　キヤノンサロン（東京、大阪、名古屋、広島）
1985	個展　「自然のよそおい」　富士フォトサロン（東京、大阪、福岡）
1985～2008	電飾柱巻写真　「花」　大阪難波ターミナル６柱に18枚、７回入替
1986～1987	テレビフォト　「四季の旋律Ⅱ」　東京羽田空港内朝日エアポートギャラリー
1987	個展　「自然のよそおい」　ミノルタカメラ本社ギャラリー
1988	掲載　「お正月写真の撮り方」　産経新聞：特集
1989	写真掲載　「女の昭和史」　産経新聞：昭和天皇崩御特集（1/11、1/19）
1990	掲載　「自然のよそおい」　COLOR FOTO（ドイツカメラ誌）
1995	個展　「花の譜」　ダイヤモンドギャラリー（大阪）
2001	個展　「モンゴル　草原を渡る風」　キヤノンサロン（東京、大阪、名古屋、福岡、札幌）
	出版　『モンゴル　草原を渡る風』　東方出版

現在　岡本美知子写真事務所／朝日カルチャーセンター　講師：横浜、湘南
朝日アウトドア写真講座　講師：東京都町田／コダックフォトスクール　講師：東京

昭和の記録
あの日 あの時
岡本美知子写真集

2008年６月28日　初版第１刷発行

著者
岡本美知子
発行者
今東成人
発行所
東方出版（株）
〒543-0052　大阪市天王寺区大道1-8-15
電話 06-6779-9571　FAX 06-6779-9573
デザイン
松田聡子
印刷
ニューカラー写真印刷（株）
製本
新日本製本（株）

ISBN978-4-86249-119-0　C0072